Ich

bin ______________________________

Pünktchen

Male jedes gewürfelte Körperteil bunt an.
Sage immer, was du mit diesem Körperteil alles tun kannst.
Wer hat seine Figur zuerst ausgemalt?

Körper-Puzzle

Denke, du schaust in einen großen Spiegel. Was siehst du?
Zeichne dich fertig. Male das ganze Bild aus. Vergiss nicht den Hintergrund.
Auf der Rückseite findest du ein Puzzle und eine Spielanleitung.

Spielanleitung zum Körper-Puzzle

Schneide die Puzzleteile aus und lege sie einmal zusammen.
Zwei Kinder (oder mehr) mischen ihre Puzzleteile.
Wer hat zuerst sein Puzzle gelegt?
Du kannst deine Puzzleteile in einem Briefumschlag aufbewahren.
Den kannst du auf ein Blatt kleben und in deine Mappe heften.
Erfindet damit neue Spiele.

Das hässliche junge Entlein

Nummeriere. Erzähle zu jedem Bild.
Wie fühlt sich das hässliche Entlein?
Spielt das Bild 5.

Ein Wunder

Sammle Daumenabdrücke in deiner Klasse.

Ich kann immer mehr

Schneide die Bilder auf Seite 59 aus.
Klebe sie hier ein und achte auf die Reihenfolge.
Was willst du als Nächstes können? Male es in das letzte Kästchen.

Gefühle ausdrücken

Jedes Kind hat etwas anderes erlebt.
Male.

Verwandlungen

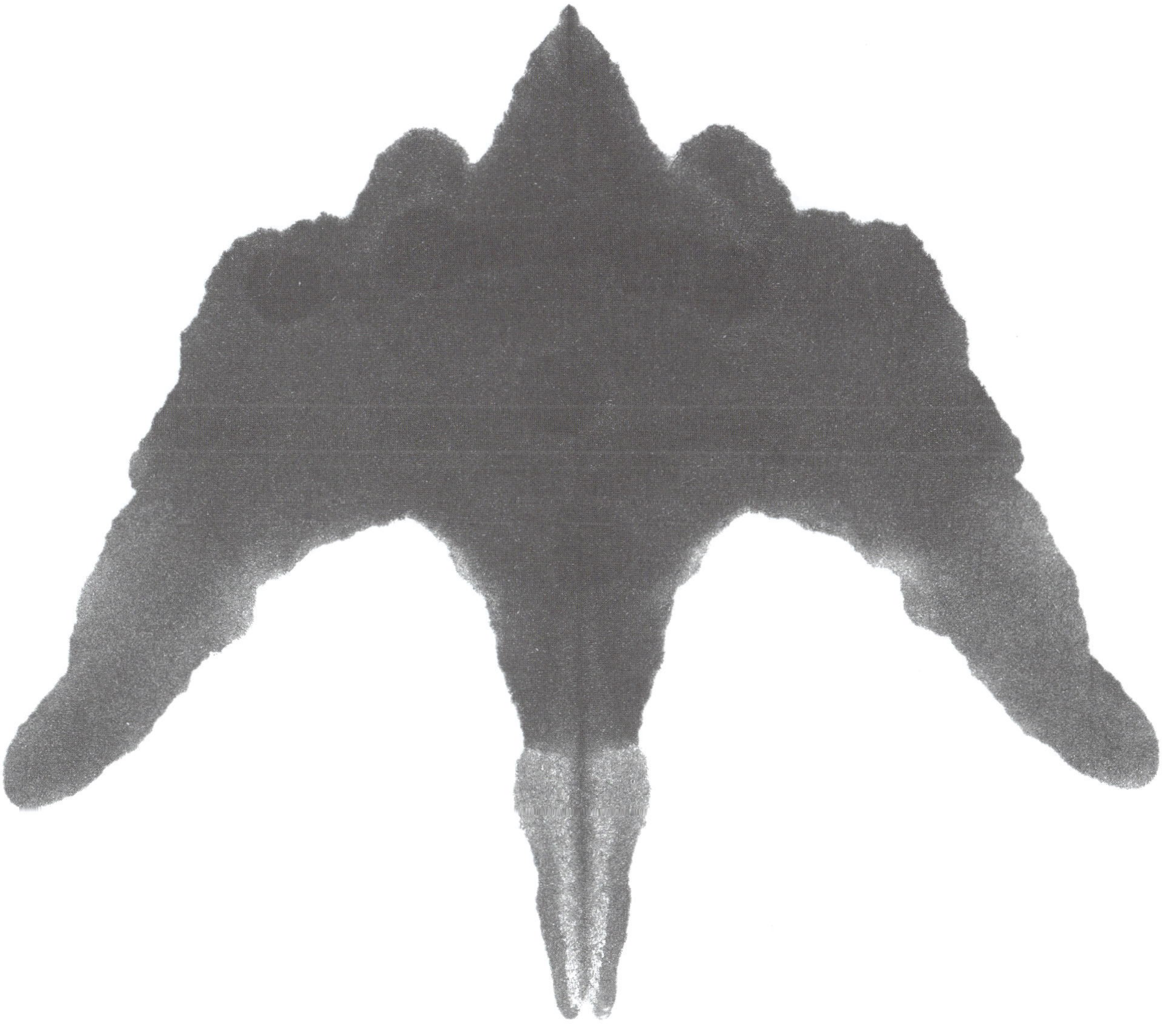

Betrachte die Angstfigur von allen Seiten. Beschreibe sie.
Verwandle die Figur mit bunten Farben.
Macht sie immer noch Angst?

Ich bin ich

Ich bin, ich weiß nicht wer.
Suche hin und suche her.
Suche her und suche hin.
Möchte wissen, wer ich bin.

Mira Lobe

Diese Seite ist nicht fertig.
Gestalte mit Papier, Farben, Worten …

Und wenn du willst,

dann öffne ich die Tür

In meinem Haus
da lache ich,
da weine ich,
da träume ich.
Und wenn ich will,
dann schließe ich
die Tür
und bin allein.

Gina Ruck-Pauquèt

Besuch

Hausspruch

In meinem Haus
da wohne ich,
da schlafe ich,
da esse ich.

Und wenn du willst,
dann öffne ich
die Tür
und lass dich ein.

Gina Ruck-Pauquèt

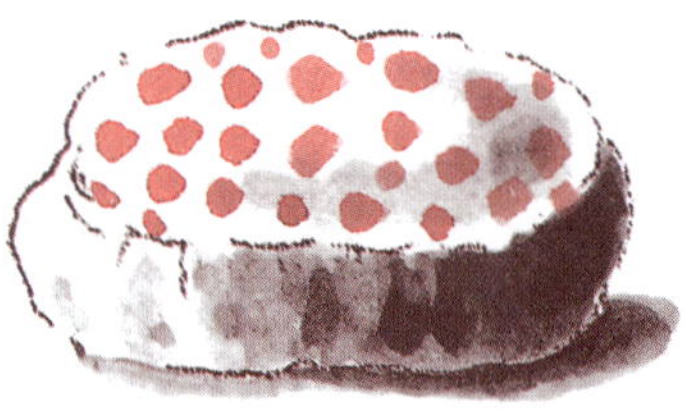

Wie sieht es in deiner Höhle aus?
Wer ist zu Besuch?
Male oder klebe.

Und das ist die ganze Familie

Kinder allesamt

Von deinem Vater,
deiner Mutter
bist du
das Kind.

Von deinen Großvätern,
deinen Großmüttern
sind deine Eltern
die Kinder.

Von deinen Urgroßvätern,
deinen Urgroßmüttern
sind deine Großeltern
die Kinder.

Also sind
deine Großeltern,
deine Eltern
und du allesamt
Kinder.

Hans Manz

Wer gehört bei dir dazu?
Male oder klebe.

Zusammen kann es schön sein

Ergänze.

Es gibt auch Kummer und Sorgen

Wenn meine Eltern streiten,
dann hätt ich gern viel Geld,
um einfach wegzureiten
bis an den Rand der Welt.

Angela Sommer-Bodenburg

Und ich?

Das vertreibt meine Sorgen:

Kreise ein.

reden

kuscheln

trösten

jemanden besuchen

draufhauen

naschen

verstecken

fernsehen

Schneeweißchen und Rosenrot

Hab
ich
Mut,

mach
ichs
gut.

Gestalte eine Mutgeschichte.

Das muss man auch können

Der Junge rutscht doch nicht. Was denkt er wohl?
Und was sagen die anderen Kinder?

Clara und Moritz

„Du bist doch schon groß“, hört Clara immer wieder.
Ihr Bruder Moritz ist groß genug, um Claras Sachen kaputtzumachen. Er ist groß genug, um sie zu ärgern.
Besonders, wenn Anna da ist oder eine andere Freundin.
Er ist groß genug, um alles durcheinander zu werfen.
Aber er ist nicht groß genug, um dafür ausgeschimpft zu werden.
„Er ist doch noch so klein“, sagen die Eltern.
„Er versteht das noch nicht.“
„Er ist doch so lieb.“
O ja, manchmal ist er lieb. So lieb, dass man platzen könnte.
Zum Zerdrücken lieb. Zum Knuddeln lieb. Aber er kann genauso gut grässlich sein, wie er lieb sein kann.
Und dann sagt keiner zu ihm: „Lass das, Moritz.“
„Sei doch vernünftig, Moritz.“
„Du bist doch schon groß, Moritz.“
Moritz hat es gut. Es ist nicht immer leicht, eine große Schwester zu sein.

Renate Welsh

Warum ist es für beide nicht immer leicht? Sprecht darüber.
Geschwister zu haben kann schön sein.
Kannst du dir das vorstellen? Male ein Bild.

Jeder kann etwas

Wer aus deiner Klasse kann das?

Wir

Ich bin ich
und du bist du.
Wenn ich rede,
hörst du zu.
Wenn du sprichst,
dann bin ich still,
weil ich dich verstehen will.

Irmela Brender

Erlebt ihr das auch miteinander? Kreuze an.

Höflich sein ist gar nicht schwer

[lebe die Sprechblasen von Seite 61 ein.

Mein – dein – unser

Rahme ein: ◯ mein, △ dein, ☐ unser.
Welche Unterschiede gibt es? Sprecht darüber.

Das böse Wort

Das böse Wort

Wie fing es an?
Wer ist schuld daran?
Du oder ich?
Oder das böse Wort?
Aber bitte, geh nicht fort!

Lass mich nicht allein!
Ich geb dir auch den Stein,
sogar meinen Indianerhut,
aber bitte, sei wieder gut.

Schneide die weitere Bildgeschichte auf Seite 59 aus.
Klebe sie hier in einer sinnvollen Reihenfolge auf.

Streiten und Versöhnen

Finde den Versöhnungsweg.

Komm zu mir

Volkslied aus Polen

Versuche eine zweite Strophe zu dichten:
Sprich mit mir …, Spiel mit mir …, Kuschel mit mir …

Das Liebkosewort

Schenk mir ein Liebkosewort,
dann fliegen meine Sorgen fort,
die großen und die kleinen,
dann muss ich nicht mehr weinen
und freue mich den ganzen Tag,
dass mich jemand gerne mag.

Monika Ehrhardt

Wem schenkst du ein nettes Wort?

Geburtstag

○ macht alleine Spaß
□ macht zusammen Spaß

Hier mein Geschenk

Text u. Melodie: Dorothée Kreusch-Jacob

Reiße aus Seiden- oder Transparentpapier bunte Blütenblätter.
Klebe sie an die Stiele.

Erntedank

Sieht es in dem Mülleimer eurer Klasse auch so aus?
Kreuze an und ergänze.

Aus unserem Garten

Fülle deinen Erntekorb.

November

Herbstbaumblatt

schaukelt

gaukelt

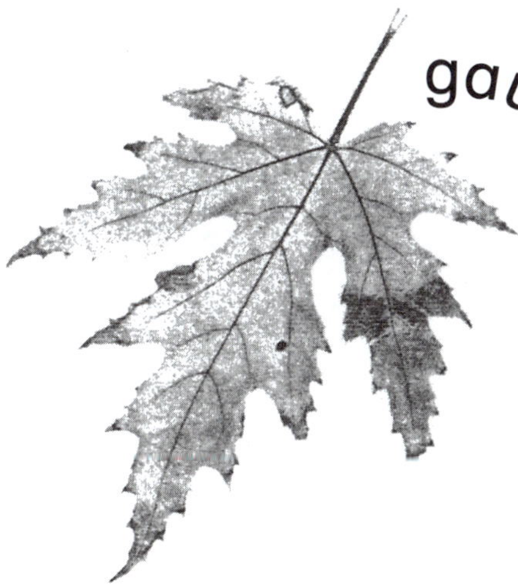

stirbt

Verena Bauer

Suche Blätter und gestalte.

Barbarazweig

Geh in den Garten am Barbaratag.
Geh zum kahlen Kirschbaum und sag:

„Kurz ist der Tag,
grau ist die Zeit.
Der Winter beginnt,
der Frühling ist weit.
Doch in drei Wochen,
da wird es geschehen:
Wir feiern ein Fest
wie der Frühling so schön.
Baum, einen Zweig gib du mir von dir!
Ist er auch kahl,
ich nehm ihn mit mir.
Und er wird blühen
in leuchtender Pracht
mitten im Winter
in der Heiligen Nacht.“

Josef Guggenmos

Nach einer Woche	Nach zwei Wochen	Nach drei Wochen

Beobachte deinen Zweig.

Was würde Nikolaus hiervon bringen?

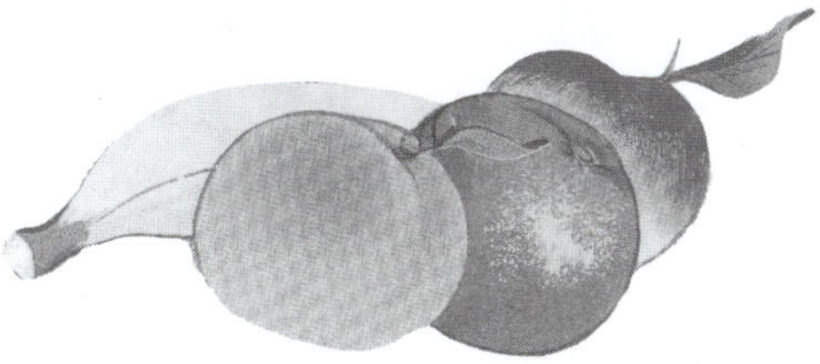

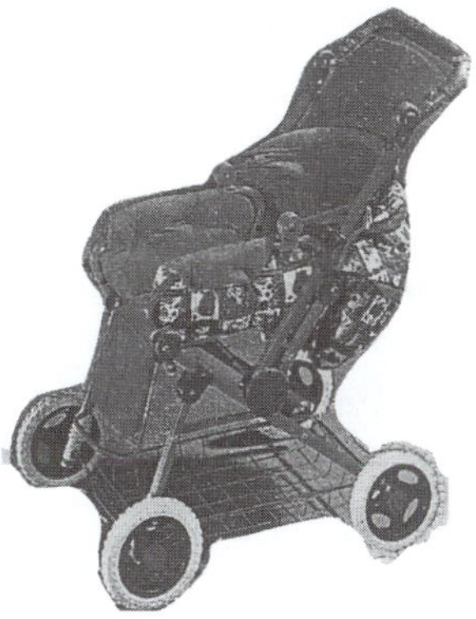

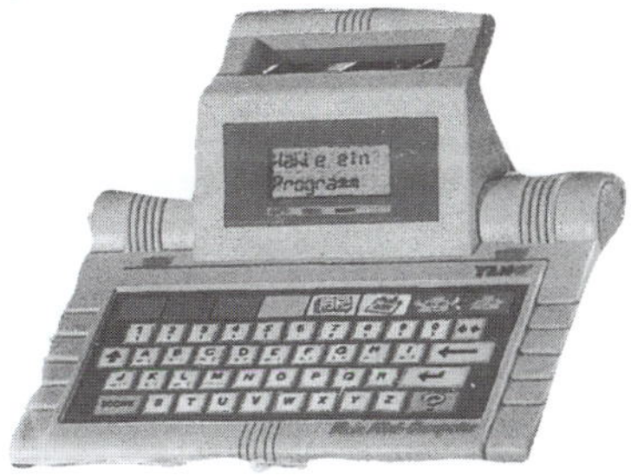

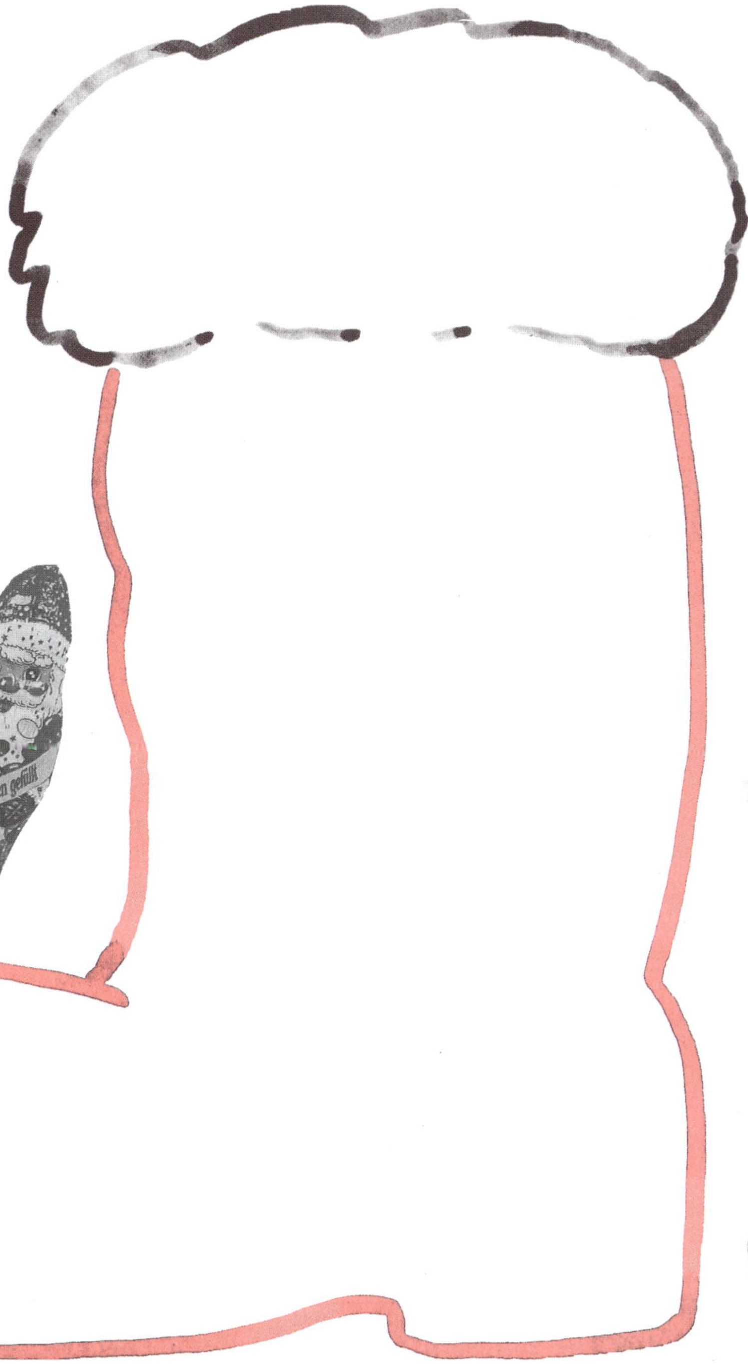

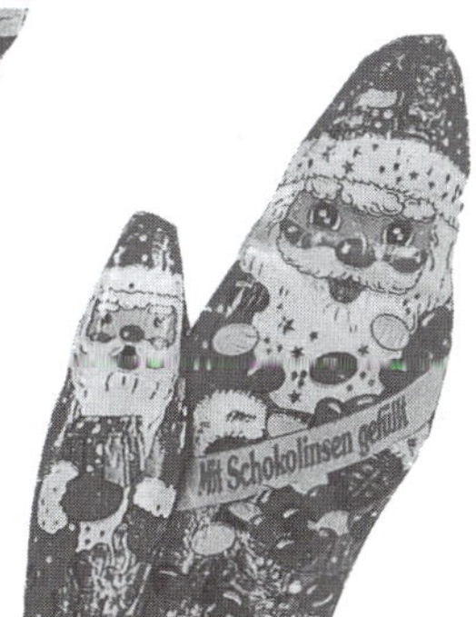

Überlege und fülle den Stiefel. Hängt eure Stiefel im Klassenzimmer auf. Schaut sie euch an und sprecht über eure Wünsche.

Legende vom Nikolaus

Nikolaus war ein Bischof und lebte vor vielen hundert Jahren in Myra, einer Stadt in der Türkei.
Er hat vielen Menschen geholfen und Gutes getan.

Überlegt, wie die Geschichte enden wird.
Ihr könnt sie auch spielen.

Ein Lichtlein

Kommt ein Lichtlein
leise leise
in die Welt
leuchtet still
leuchtet freundlich
auf seine Weise

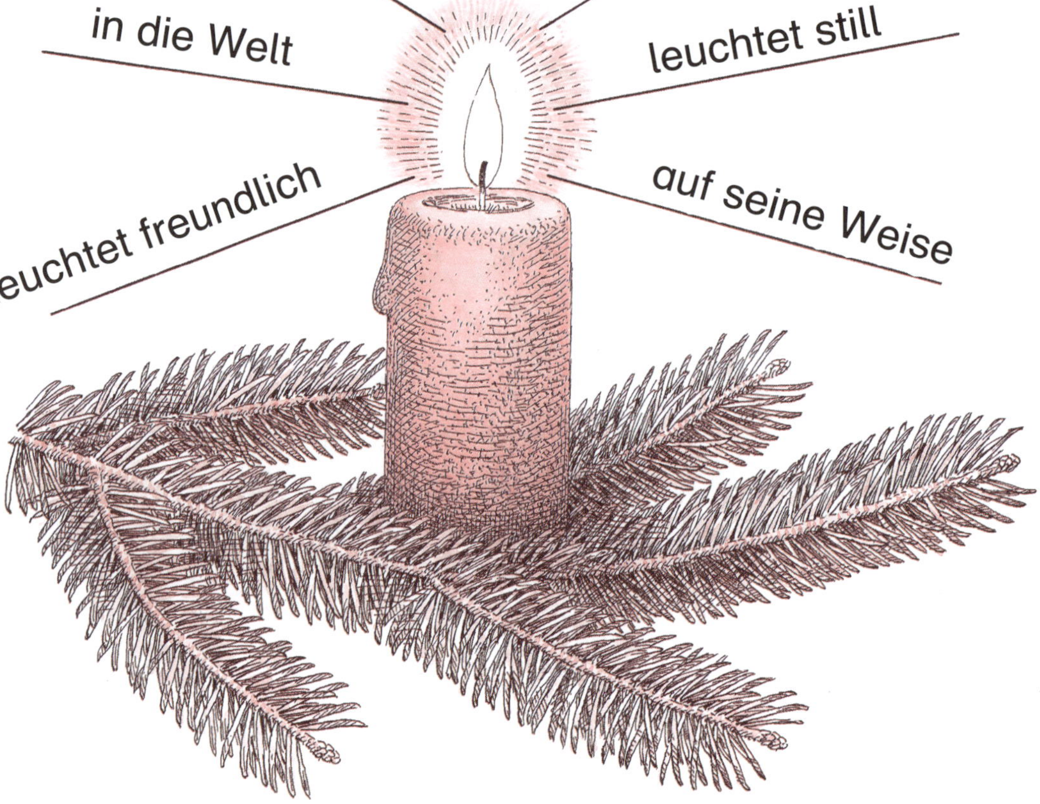

bis es Herz um Herz erhellt.

Wie kannst du einem anderen eine Freude bereiten? Male.

Zeit der Erwartung und Stille

Male von innen nach außen mit wenigen Farben.
Sprich nicht und höre auf die Musik.

Wünsche zu Weihnachten

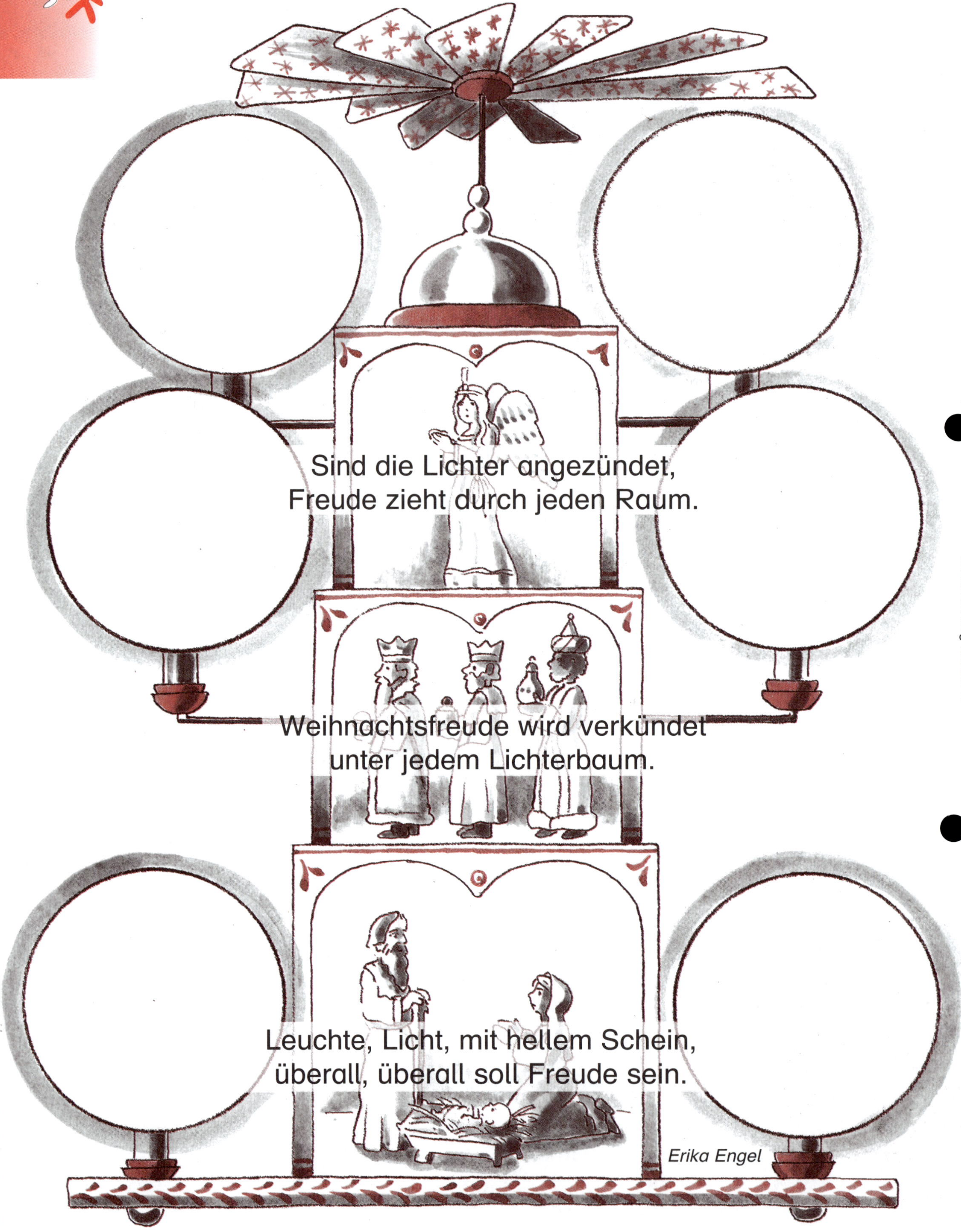

Sind die Lichter angezündet,
Freude zieht durch jeden Raum.

Weihnachtsfreude wird verkündet
unter jedem Lichterbaum.

Leuchte, Licht, mit hellem Schein,
überall, überall soll Freude sein.

Erika Engel

**Schreibe, male oder klebe deine Weihnachtswünsche auf.
Denke dabei auch an andere Kinder.**

Weihnachtsgeschichte

Würfelt und spielt.
Erzählt von den Orten und Personen der Weihnachtsgeschichte.

Rätsel zum Fest

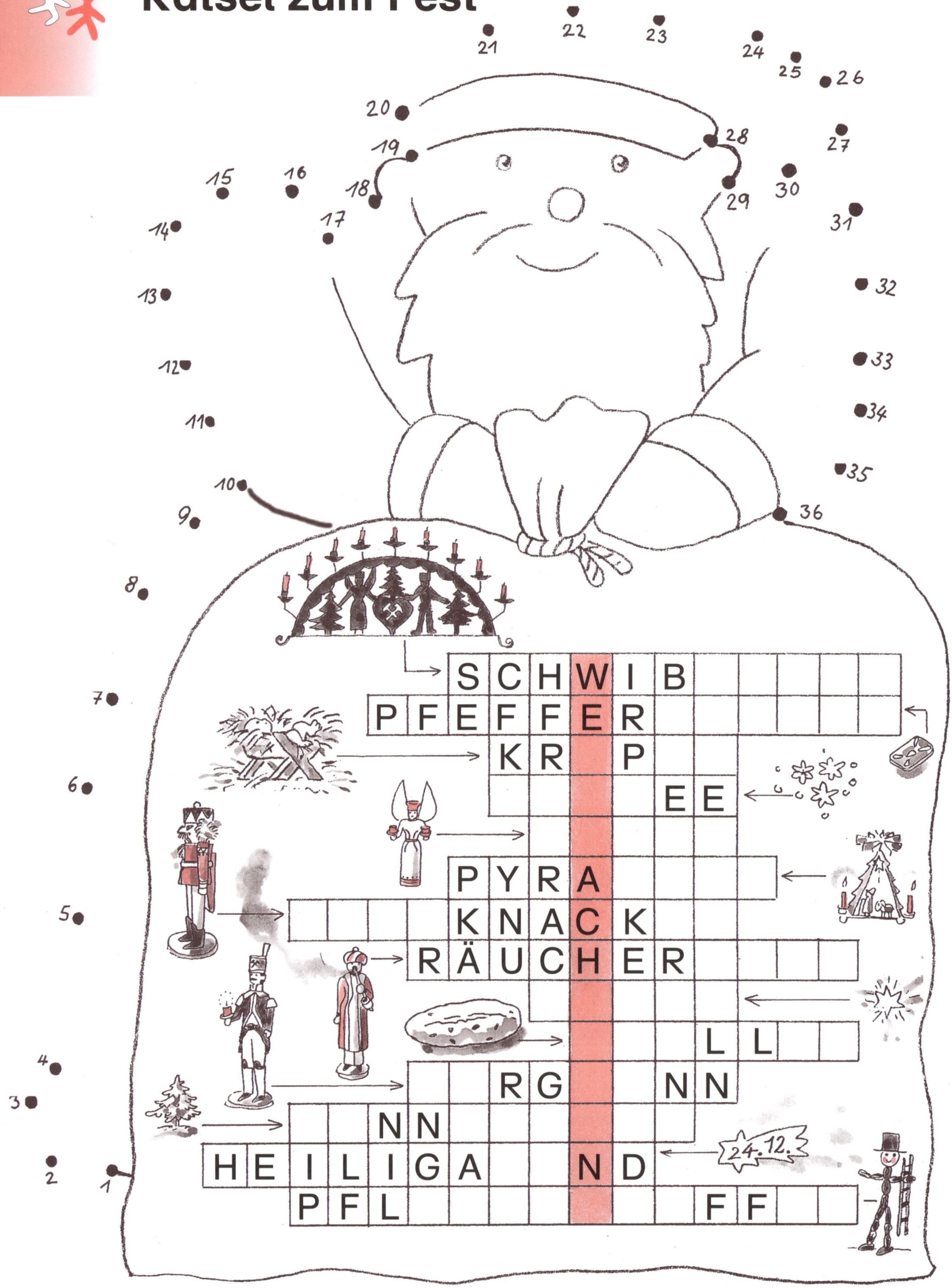

Löse das Rätsel.
Wer hat sich im Bild versteckt?

Fasching

Gestalte deine Masken.

Verzichten

fällt mir

leicht

schwer

Male, klebe oder schreibe.
Sprecht in der Klasse darüber.

Frühlingserwartung

Schau dich draußen um und male deine Frühlingslandschaft.

Osterzeit

Was gehört ins Osternest?

Osterboten

Finde die Osterboten. Ergänze.

Schön ist es, auf der Welt zu sein

Sag, wer bin ich? Jeder liebt mich,
und auch dir bin ich bekannt.
Einen langen Rüssel hab ich,
doch ich bin kein Elefant.

Reiter tragen, Bäume schleppen,
das kann mein Beruf nicht sein.
Und auch auf den Kampf mit Löwen
lasse ich mich niemals ein.

Keinen Frosch kann ich besiegen.
Ganz gering ist mein Gewicht:
Wenn ich auf den Blüten sitze,
biegen sich die Stiele nicht.

Wenn ich durch die Lüfte fliege,
ist's, als flög ein Blatt dahin.
Aber schön sind meine Flügel.
Und nun sag mir, wer ich bin.

Josef Guggenmos

Besonders hübsch bin ich als Klecks-Falt-Bild.
Versuche es. Klebe das auf, welches dir am besten gefällt.

Abendruh

Worte: Max Kruse

Diese Worte kannst du mit Stimme und Bewegung spielen.

Der Regenbogen

Der Regenbogen verbindet die dunklen Wolken mit dem hellen Sonnenschein. So ähnlich fühlen wir uns nach einem Streit, wenn es wieder gut wird.

Erzähle davon.
Male den Regenbogen und zwei, die sich vertragen haben, darunter.

Wasser braucht nicht nur der Wasserfloh

Luft erleben

Ohne Luft?

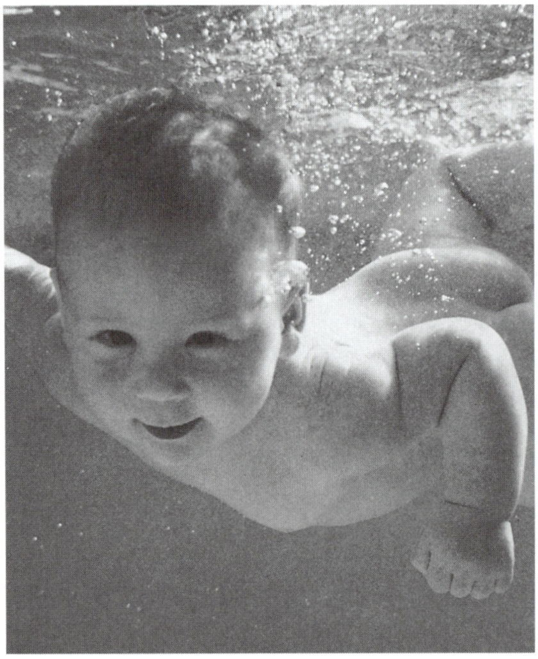

Frische Luft!

Dicke Luft!

Luft weg...?

Hattest du schon solche Erlebnisse mit Luft?
Fülle die Rahmen.
Tauscht euch dazu aus.

Vier Mäuse teilen sich das Jahr

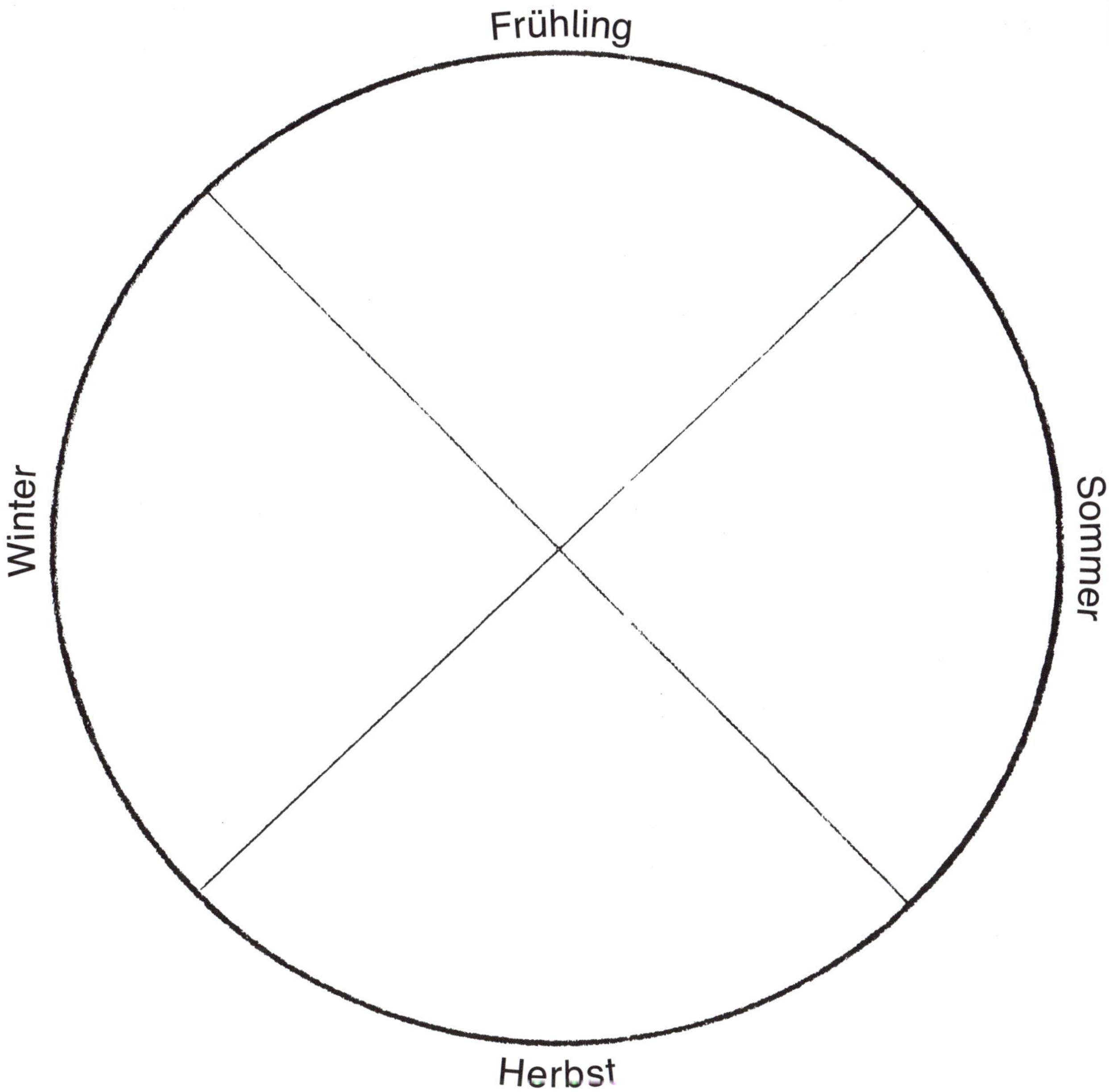

Die erste ist die ______________________________,
die lässt den Regen lachen.

Als Maler hat die ______________________________
die Blumen bunt zu machen.

Die ______________________________ schickt
mit Nuss und Weizen schöne Grüße.

Pantoffeln braucht die ___________________________
für ihre kalten Füße.

Leo Lionni

Schneide die Mäuse auf Seite 61 aus.
Klebe sie zu den richtigen Jahreszeiten.

Pflanzen hegen und pflegen:

Wozu?

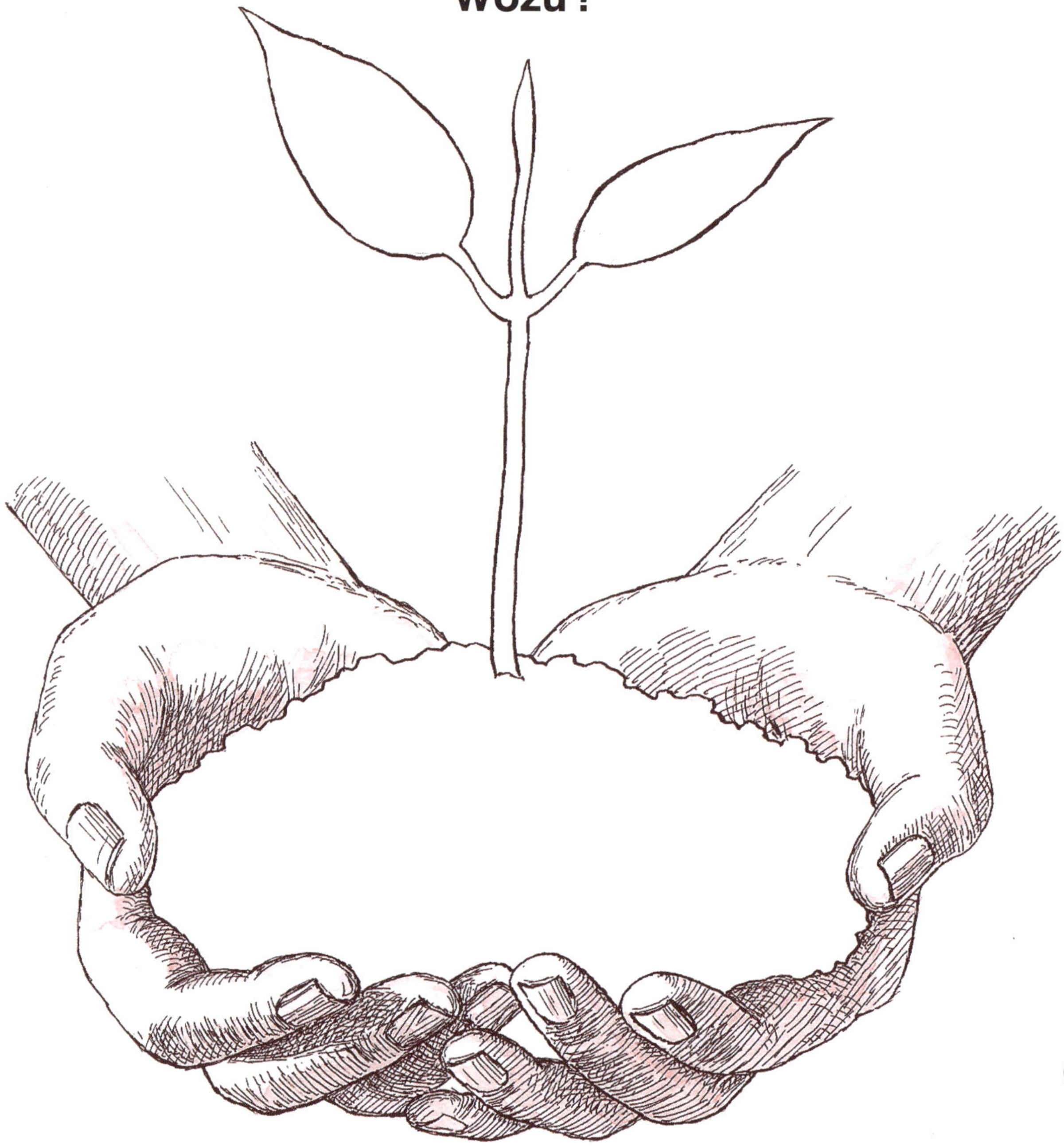

Zum Essen

Der Knirps am Acker

Zeige, dass der Acker lebt.
Male, schreibe oder klebe.

Ameisenkinder

Wer hat Ameisenkinder gesehn?
Können sie nach sechs Tagen schon gehn?
Laufen die Ameisenbabies geschwinder
als zum Beispiel Mistkäfer-Kinder?
Kriegen sie schon einen Klaps auf den Po?

Ach, meine Lieben, die Sache ist so:
Wer Ameisenkinder sah, ganz kleine,
der lügt.
Der betrügt!
Es gibt nämlich keine!

James Krüss

Ein Riese warf einen Stein

Ein Riese
warf einen Stein.
Gänge und viele Zimmer stürzten ein.
Hunderte brachen ein Bein.
Zwei Dutzend brachen das Genick.
Andere hatten Glück.

Der Stein
hatte wie eine Bombe eingeschlagen.
Zusammengebrochen
ist das Werk vieler Wochen.
Doch schon rennen Tausende herbei.
Tote werden weggetragen.
Man zieht, man zerrt, schleppt Trümmer,
baut neu:
neue Gänge,
neue Zimmer.

Wer war der Verbrecher?
Wer?
Ein Junge.
Was dachte sich der?
Nicht viel.
Er warf nur zum Spiel
den Stein
auf den Ameisenhaufen.

Josef Guggenmos

Mein Tier

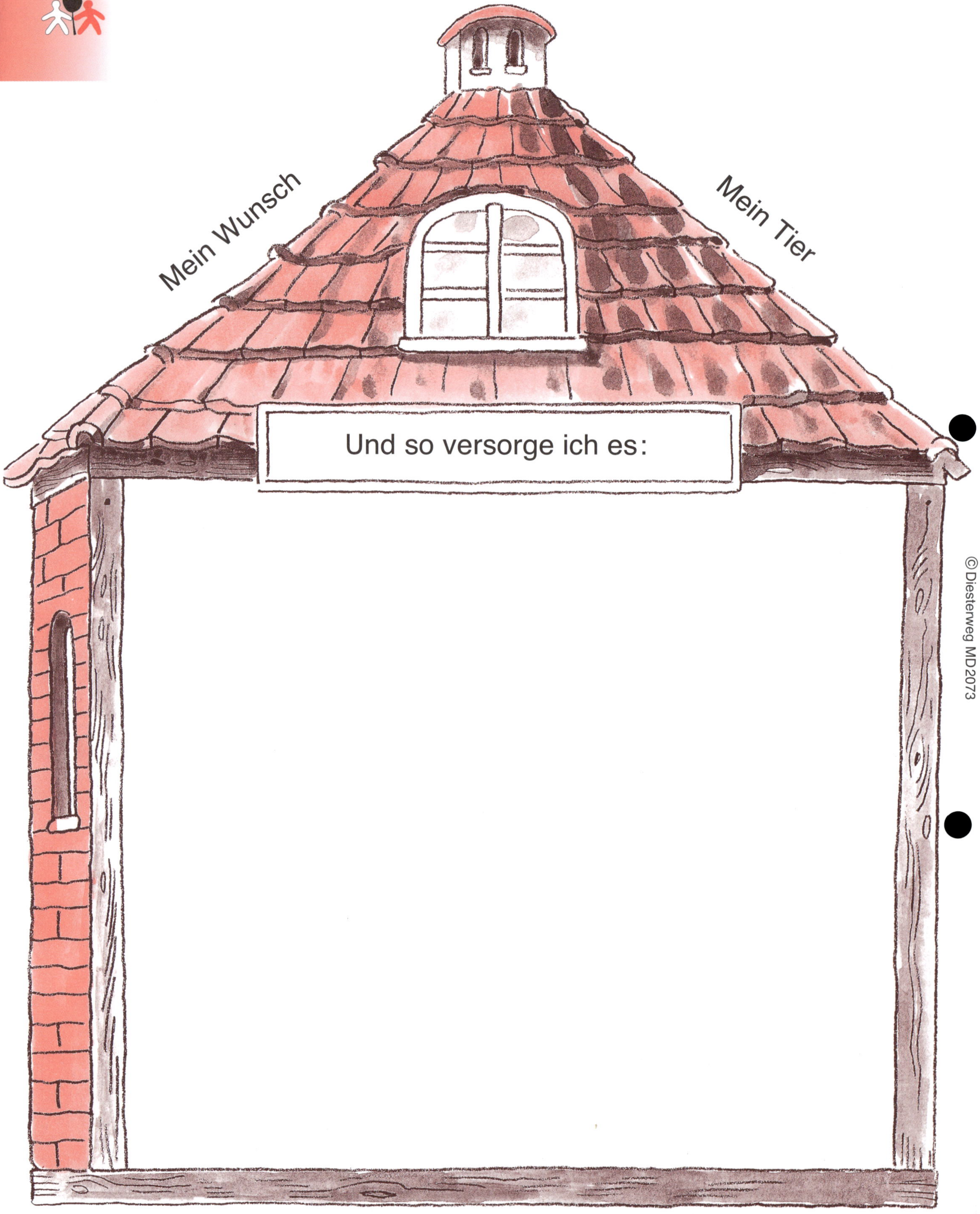

Male, schreibe, klebe Fotos ein.

Groß und klein

DU BIST

KÖNNTEN WIR FREUNDE SEIN?

DU HAST EIN

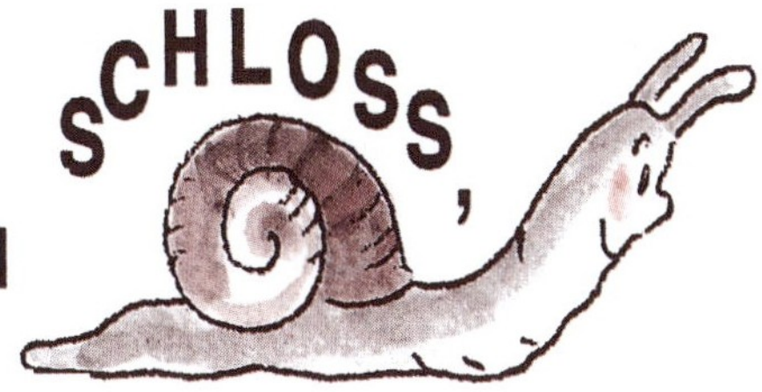

ODER IST DANN DEINS AUCH MEINS?

ICH BIN **ALLEIN**, DU BIST **ALLEIN**.

Sucht nach dem Sinn des Gedichts.
Verteilt die Rollen neu, spielt.
Gestaltet das Gedicht auch einmal anders,
indem ihr verschiedene Farbstifte, Schriftarten, Schriftgrößen verwendet.

Bilder für Seite 7

Bilder für Seite 23

Bilder für Seite 21

Auf Wiedersehen!

Es tut mir leid.

Kann ich dir helfen?

Guten Tag!

Kannst du mir helfen?

Gern!

Bitte!

Bilder für Seite 51

Text- und Liedquellennachweis

Seite 10 **Mira Lobe, Ich bin, ich** ..., aus: Das kleine Ich bin ich (Ausschnitt; mit Interpunktion), W. Jungbrunnen Verlag, 1972. *Seite 11/12* **Gina Ruck-Pauquèt, Hausspruch,** Schwann Verlag, Düsseldorf 1961, © Gina Ruck-Pauquèt. *Seite 13* **Hans Manz, Kinder allesamt,** aus: H.J. Gelberg (Hg.), Überall und neben dir, Beltz und Gelberg, Weinheim 1986. *Seite 15* **Angela Sommer-Bodenburg, Wenn meine Eltern** ..., aus: Ich lieb dich trotzdem immer, © Angela Sommer-Bodenburg. *Seite 18* **Renate Welsh, Es ist nicht immer leicht, eine große Schwester zu sein,** aus: Du bist doch schon groß, Oettinger, Hamburg 1991. *Seite 20* **Irmela Brender, Wir,** aus: Joachim Fuhrmann (Hg.): Gedichte für Anfänger, Rowohlt Verlag, Reinbek 1980. *Seite 26* **Monika Ehrhardt** (Text)/**Reinhard Lakomy** (Melodie), **Liebkoselied,** aus: Der Traumzauberbaum. Seite 28 **Dorothée Kreusch-Jacob** (Text und Melodie), **Hier mein Geschenk,** aus: Ich schenk dir einen Regenbogen, Patmos Verlag, Düsseldorf. *Seite 32* **Josef Guggenmos, Geh in den Garten am Barbaratag,** aus: Das große Jahrbuch für Kinder, Kösel Verlag, München. *Seite 38* **Erika Engel, Sind die Lichter angezündet** ..., aus: Die Wundertüte, Kinderbuchverlag, Berlin 1956. *Seite 46* **Josef Guggenmos, Sag, wer bin ich?**..., aus: Was denkt die Maus am Donnerstag, Georg Bitter Verlag, Recklingshausen 1967. *Seite 47* **Max Kruse, Mond Baum Abendruh** ..., aus: Windkinder, Verlag Ensslin Einingen 1968. *Seite 49* Seitenüberschrift: **Wasser braucht nicht nur der Wasserfloh,** in Anlehnung an **Monika Ehrhardt,** Liedtext: Wasser braucht der Wasserfloh. *Seite 51* **Die erste ist die** ..., Lückentext nach **Leo Lionni,** aus: Frederick, Übers. Günter B. Fuchs, Verlag Middlehauve, München1997. *Seite 53* Seitenüberschrift: **Der Knirps am Acker,** in Anlehnung an **Max Kruse,** Vom Acker, aus: Warum ..., Kleine Geschichten von großen Dingen, dtv, München. *Seite 54* **James Krüss, Wer hat Ameisenkinder gesehen** ..., aus: James Tierleben, Annette Betz Verlag, München/Wien 1965. *Seite 55* **Josef Guggenmos, Ein Riese warf einen Stein** ..., aus: Was denkt die Maus am Donnerstag, Georg Bitter Verlag, Recklingshausen 1967.

Bildnachweis

Seite 1 IFA-Bilderteam/BCI, Frankfurt. *Seite 13* argus-FotoarchivGmbH/M.Specht, Hamburg. *Seite 49* IFA-Bilderteam/Nacivet, Frankfurt. *Seite 50* o.li. ZEFA/Sharpshooters, Düsseldorf. *Seite 50* o.re. ZEFA/Norman, Düsseldorf.

Trotz eifrigen Bemühens und großer Recherchearbeit gelang es nicht, alle Abdruckrechte zu ermitteln. Die betroffenen Autoren oder Inhaber der Rechte mögen dies verzeihen und sich beim Verlag melden.